Norbert Landa

Leselöwen
Delfingeschichten

Zeichnungen von Bernhard Oberdieck

Loewe

Der Umwelt zuliebe ist dieses Buch
auf chlorfrei gebleichtem Papier gedruckt.

ISBN 3-7855-3632-1
© 2000 Loewe Verlag GmbH, Bindlach
Ungekürzte Jubiläums-Sonderausgabe der 1996 erschienenen
Leselöwen-Delfingeschichten
Umschlagillustration: Bernhard Oberdieck

Inhalt

Projekt Context (Bremen) ist eine Gruppe von jungen Biologen und Tierpsychologen. Sie erforschen die Art und Weise, wie sich Delfine mit Artgenossen und auch mit Menschen verständigen. Ich bedanke mich bei Bianka Hofmann, Peter Behr und Michael Scheer, die mich zu diesem Buch angeregt und wertvolle Ideen geliefert haben.

Das Meermädchen und der Delfin

Es war einmal ein Meermädchen namens Isabella, das hatte eine süße klare Stimme. Isabella wohnte im grünen Palast des Meerkönigs.

Sobald sie zu singen begann, beruhigten sich Wind und Wellen auf dem Meer.

Wenn die Matrosen auf den Schiffen Isabellas Gesang hörten, sagten sie: „Hört, das ist das Meermädchen! Jetzt droht uns keine Gefahr. Wir können ausfahren!"

Auch der Meerkönig mochte Isabellas Gesang. „Du hast eine wunderbare Gabe", sagte er. „Die Menschen vertrauen dir. Sobald sie dich singen hören, fahren sie mit ihren Schiffen aus, weil sie wissen, dass das Meer ruhig ist, solange du singst. Du darfst niemals aufhören zu singen, ehe sie wieder an Land sind. Willst du mir das versprechen?"

„Natürlich!", rief Isabella und schwamm aus den tiefen Gängen und dunklen Grotten des Palastes wieder hinaus ins weite Meer.

Sie spielte eine Weile mit den bunten Fischen und den Schildkröten. Dann setzte sie sich auf einen Felsen unter Wasser, kämmte ihr prächtiges Haar und sang dabei.

Oben auf dem Meer sagte Karol, der Fischer, zu seiner Frau: „Hörst du, das Meermädchen singt. Ich werde zum Fischen ausfahren."

Karol segelte mit einer sanften Brise hinaus aufs Meer.

Da fiel Isabella ihr roter Kamm aus den Händen und taumelte langsam in die Tiefe.

„Dummer Kamm!", rief Isabella.

Ärgerlich schwamm sie ihrem Kamm nach – und hörte auf zu singen.

Während Isabella suchte, zog oben auf dem Meer sofort ein heftiger Sturm auf. In den haushohen Wellen tanzte Karols Fischerboot wie eine Nussschale auf und ab.

„Meermädchen, singe dein Lied!", rief
Karol verzweifelt.

Doch im Heulen des Sturmes hörte
Isabella ihn nicht. Sie schwamm auf dem
Meeresgrund und suchte ihren Kamm.

Da stand plötzlich der Meerkönig vor
ihr.

„Isabella!", rief er zornig. „Du hast einen
Menschen verlockt aufs Meer zu fahren.
Und ihn dann vergessen. Schnell, singe
dein Lied!"

Doch der Sturm heulte und pfiff zu laut. Verzagt rief das Meermädchen: „Meine Stimme kommt gegen den Sturm nicht an. Sag, lieber Meerkönig, kann ich den Fischer nicht einfach an Land tragen?"

„Das geht nicht", sagte der Meerkönig. „Du weißt, wir Wesen der Tiefe dürfen uns den Menschen nicht zeigen. Sonst müssen wir sterben."

„Es sei denn", sagte der Meerkönig, „du lässt dich in ein Wesen verwandeln, halb Mensch, halb Meeresgeschöpf. Doch dann bist du nicht mehr eine von uns. Du wirst im Wasser leben wie wir, aber Luft atmen wie die Menschen."

Isabella dachte an Karol, den Fischer. „Das will ich!", flüsterte sie.

Isabella wurde schwarz vor Augen. Ihre Arme verschwanden und als sie etwas sagen wollte, kam nur ein klickendes Schnattern heraus.

Isabella, der Delfin, schoss hinauf an die Luft und streckte den Kopf aus dem

Wasser. Karols Boot trieb kieloben. Isabella sah, wie Karol zwischen den Wellenbergen auftauchte und wieder versank. Schnell schwamm sie zu ihm hin. Mit letzter Kraft hielt sich Karol an dem Delfin fest und gelangte sicher zum Strand.

Seitdem hat niemand mehr den Gesang des Meermädchens gehört. Niemand fährt mehr hinaus auf die See, wenn sich ein Sturm ankündigt.

Doch jedes Mal, wenn Karol aufs Meer fuhr, begleitete ihn ein fröhlicher, freundlicher Delfin.

In der Falle

Mario machte mit seinen Eltern Urlaub am Meer. Sie waren jeden Tag am Strand zum Schwimmen und beim Schnorcheln sah Mario viele Fische.

Ab und zu machte die Familie auch einen Bootsausflug zu einer der kleinen vorgelagerten Inseln.

„Morgen möchte ich tauchen und mit einer Harpune Fische jagen!", rief Mario.

„Eine Harpune ist viel zu gefährlich für Kinder", sagte seine Mutter.

„Was, du willst mit einer Harpune jagen?", fragte der alte Pedro, der sie in seinem Boot von Insel zu Insel schipperte. „Das solltest du dir noch mal überlegen. Ich will dir eine Geschichte erzählen:

Einmal tauchte ich dort draußen vor dem Riff, da hörte ich ein lautes Klicken, das mussten Delfine sein. Und tatsächlich, wenig später sah ich zwei

große Delfine und einen Baby-Delfin,
der war vielleicht einen Meter lang. Der
kleine Delfin war sehr ängstlich. Er
wollte wegschwimmen, doch die Großen
schoben ihn zu mir hin. Was wollen die
Delfine bloß von mir, dachte ich. Da sah
ich es. In der Schwanzflosse des Kleinen

steckte eine Harpune. Und die Leine der Harpune war fest um den Körper des Delfinbabys gewickelt. Sie schnitt ihm tief ins Fleisch ein.

Armer Kleiner, dachte ich. Das tut sicher sehr weh. Ich wollte langsam weiterschwimmen, doch die beiden großen Delfine versperrten mir den Weg.

Da verstand ich: Sie brauchten Hilfe. Sie baten mich den Kleinen aus der Leine zu befreien. Aber das waren starke wilde Tiere! Wenn ich die Harpunenspitze löste, musste das dem kleinen Delfin sehr weh tun. Er würde sich wehren und die erwachsenen Tiere würden mich vielleicht verletzen. Ich war in einer heiklen Lage.

Was sollte ich tun?

Vorsichtig berührte ich den kleinen Delfin. Er ließ sich das gefallen. Doch als ich die Harpune anfasste, die in seiner Schwanzflosse steckte, wollte er sofort wegschwimmen. Aber das ließen die großen Delfine nicht zu. Sie klickten sanft und schoben ihn wieder in meine Richtung.

Vorsichtig wickelte ich die Leine ab.

Nun ging es darum die Harpunenspitze herauszuziehen. Ich brauchte mein Tauchermesser. Wie ein Arzt musste ich die Stelle einschneiden, an der die Harpune festsaß. Der kleine Delfin wand sich vor Schmerzen.

Immer wieder wollte er wegschwimmen. Doch die erwachsenen Delfine drängten sich an ihn und hielten ihn zurück. Aber ich hatte keine Zeit mich zu wundern. Die Atemluft in meiner Taucherflasche wurde langsam knapp. Also klemmte ich das Delfinbaby zwischen meine Beine. Nun wusste ich ja, dass die großen Tiere mir nichts tun würden. Meine Hände zitterten vor Aufregung. Ich machte einen tiefen Schnitt in die Schwanzflosse. Endlich konnte ich die Harpunenspitze heraus-ziehen.

Sobald ich den kleinen Delfin losließ, schwamm er weg.

Aber einer der beiden größeren Delfine blieb. Mit seiner Schnauze berührte er meine Tauchermaske. Dann gab er mir mit seiner Schnauze einen Stups vor die Brust und verschwand mit den beiden anderen im tiefen Wasser."

Pedro schwieg. Dann griff er hinter sich in einen Kasten und zeigte Mario eine fingerlange Metallspitze.

„Das ist diese Harpunenspitze. Die

Delfine schienen zu wissen, dass nur ein Mensch sie herausziehen konnte. Deshalb kamen sie mit ihrem Baby zu mir."

Mario starrte die scharfe Pfeilspitze an. So hatte er die Sache noch nie gesehen. Das Jagen, das ihm Spaß machte, bedeutete Tod und Schmerzen für das Tier, das er jagte. Dann wollte er lieber weiterhin mit seinem wasserfesten Fotoapparat „jagen". „Haben Sie die Delfine irgendwann noch mal getroffen?", fragte er.

„Ich weiß es nicht. Manchmal, wenn ich auf dem Meer zum Fischen bin, tummeln sich auch Delfine in der Nähe. Der kleine Delfin muss mittlerweile erwachsen sein. Vielleicht ist er ja ab und zu dabei?"

Der Schatz im Silberschiff

Dolfi spielte gerne in den Schiffswracks. Manchmal schwamm er auch ganz allein auf Entdeckungsreise. Die Wracks lagen, halb im Schlick versunken, auf dem Meeresgrund. Mit Muscheln und Krebsen besiedelt, von Algen und Korallen überwuchert sah so ein altes Wrack aus wie ein Hügel mit Löchern. Der Delfin Dolfi

wusste natürlich nicht, dass viele dieser Wracks alte Segelschiffe waren, die vor langer Zeit Gold und Silber von Amerika nach Europa gebracht hatten. Dabei waren einige der Schiffe untergegangen.

Heute hatte Dolfi ein neues Wrack gefunden. Er umkreiste es vorsichtig. Vor einem Leck verharrte er. Dolfi klickte. Das war aber eine große Höhle! Ohne Angst schwamm der junge Delfin in die dunkle Grotte hinein, die früher der Schiffsbauch gewesen war. Delfine finden sich auch im Finstern zurecht. Dolfi musste nur klicken und auf das Echo lauschen. Schon wusste er, wie groß die Höhle war und wo der Ausgang lag.

Dolfi entdeckte viele merkwürdige und ihm unbekannte Dinge, zum Beispiel diese große Kiste oben an der Wand. Der Delfin stupste sie mit der Schnauze an.

Da rumpelte es. Dolfi fuhr erschrocken zurück und die Kiste sank zu Boden. Jetzt versperrte sie den Ausgang.

Dolfi war gefangen. Aber vielleicht
konnte er die Kiste vom Loch wegstupsen?
Nein, sie war zu schwer. Meter für Meter
suchte Dolfi den Schiffsbauch ab.

Es gab keinen anderen Ausgang. Und er
hatte nur noch wenig Zeit. Bald musste er
wieder auftauchen um Luft zu holen.

„Hilfe, Hilfe, ich bin in Not!", klickte er in

der Delfinsprache. Sein Hilferuf drang
weit durch das Wasser. Die anderen
Delfine machten sich sofort auf den
Weg und tauchten zum Wrack hinunter.
Hinter der Wand hörten sie Dolfis Klicken.
Doch sie konnten ihm nicht helfen. Die
Kiste, die den Eingang versperrte, war zu
schwer.

Ratlos kreisten die Delfine um das Wrack, sprangen aus dem Wasser und tauchten wieder ab.

Dolfi konnte sie hören. Aber warum halfen sie ihm nicht?

Die Delfine tasteten mit ihrem Schwanz den Schiffsrumpf ab. Vielleicht war das Holz irgendwo so morsch, dass sie es mit vereinten Kräften zerbrechen konnten um Dolfi zu befreien?

Und wirklich – zwei der Schiffsplanken hingen nur noch ganz lose im Schiffsrumpf. Die Delfine zerrten und stießen von außen und Dolfi warf sich von innen mit voller Wucht dagegen.

Endlich gaben sie nach.

Dolfi war frei. Die Delfine schwammen sofort hoch an die Oberfläche. Ausgelassen sprangen sie aus dem Wasser. Das war gerade noch mal gut gegangen.

Und Dolfi hatte fürs Erste auch keine Lust mehr in den alten Schiffswracks auf dem Meeresgrund zu spielen.

Der freche Delfin und die Urschildkröte

Es war einmal ein Delfin namens Suso, dem machte es ungeheuren Spaß Schildkröten zu ärgern. Sobald er eine Schildkröte sah, tauchte er unter sie und schubste sie nach oben. Suso warf die Schildkröte wie einen Ball aus dem

Wasser und freute sich, wenn sie mit einem lauten Platsch zurück ins Wasser fiel. Suso war begeistert von diesem Spiel. Den Schildkröten machte das keinen Spaß. Sie erschraken jedes Mal ganz furchtbar.

Eines Tages wurde es ihnen einfach zu viel. Sie schwammen zu Susos Mutter und beschwerten sich.

„Ach ihr dummen Schildkröten", sagte Susos Mutter. „Ihr versteht ja überhaupt keinen Spaß!"

Als die Schildkröten verärgert nach Hause schwammen, lauerte Suso ihnen schon wieder auf. Er suchte sich die größte und älteste Schildkröte aus und warf sie hoch aus dem Wasser. Dann kringelte er sich vor Lachen.

Da ärgerten sich die Schildkröten noch viel mehr. Sie schwammen zurück zu Susos Vater um sich bei ihm zu beschweren.

Susos Vater schnatterte empört. „Was

macht mein Sohn? Er wirft euch Schildkröten hoch und aus dem Wasser?"

„Genau das tut er", sagten die Schildkröten.

„Macht er das etwa so?", fragte Susos
Vater. Er schwamm unter die dickste
Schildkröte, schoss hoch und warf sie
hoch aus dem Wasser.

„Genau so", sagte die dicke Schildkröte gekränkt.

„Das ist lustig", sagte Susos Vater. „Macht richtig Spaß. Darf ich's noch einmal versuchen?"

Wütend schwammen die Schildkröten davon. Sie beschlossen die große, alte weise Urschildkröte, die zwischen den Felsen wohnte, um Hilfe zu bitten.

Die Urschildkröte war größer als ein
Boot und fast so groß wie eine Insel.

Sie hörte sich die Klagen der Schildkröten an und wiegte ihr mächtiges,
bemoostes Haupt nachdenklich nach

links und dann nach rechts. Schließlich sagte sie: „Na, dann wollen wir doch mal sehen."

Ächzend setzte sie ihre gewaltigen Paddelflossen in Bewegung. Es sah aus, als würde sich ein Berg langsam durchs Wasser bewegen.

Als sie Suso sah, schwamm sie vorsichtig unter ihn und tauchte dann langsam auf.

Plötzlich spürte Suso, wie das Wasser unter ihm immer weniger wurde. Er fühlte sich emporgehoben – und plötzlich lag er auf einer kleinen Insel, dabei war er doch eben noch fröhlich im Meer geschwommen. Suso erschrak ganz fürchterlich.

Was war passiert?

Wieso war er plötzlich mitten auf einer Insel?

Er bekam es mit der Angst zu tun.

„Hilfe, ich bin verloren!", rief er voller Entsetzen. „Ich bin auf einer Insel

gestrandet! Wie soll ich je zurück ins
Wasser kommen?"

Plötzlich hörte er zuerst ein leises
Kichern und dann schallendes Gelächter.

Das waren doch die Schildkröten! „Ach, dieser dumme Delfin!", riefen sie. „Der versteht aber auch gar keinen Spaß!"

Die riesige Urschildkröte tauchte prustend wieder unter.

So schnell er konnte, schwamm Suso davon. Von nun an ließ Suso die Schildkröten in Ruhe. Sobald er eine Schildkröte auch nur aus der Ferne sah, schwamm er schnell davon. So sehr schämte er sich.

Das Delfinmädchen

„Heute machen wir einen Ausflug zum Delfinstrand!", schlug Mutter vor. „Der ist nicht weit von hier. Was haltet ihr davon?"

„Prima!", jubelten Irene und Peter. Nur ihre Schwester Maria jubelte nicht. Maria verstand nicht immer alles gleich. Sie war behindert. Sie konnte nur mit Krücken laufen. Es war schwierig sich mit ihr zu unterhalten, denn Maria konnte nur wenige Worte sprechen, obwohl sie schon sechs Jahre alt war. Ihre Mutter, ihr Vater und ihre Geschwister mussten den ganzen Tag auf sie aufpassen.

„Delfine", sagte Vater zu Maria, „sind große freundliche Tiere, die im Meer leben. Hier gibt es eine Bucht, wo sie fast bis zum Strand kommen. Manchmal spielen sie sogar mit Kindern. Dorthin fahren wir heute. Willst du die Delfine sehen?"

Maria nickte. Sie freute sich, wenn alle anderen glücklich waren. Und sie liebte es im Wasser zu planschen. Da brauchte sie keine Krücken.

Der Delfinstrand war nicht weit vom Hotel, wo die Kinder mit ihren Eltern Urlaub machten. Aber sie mussten trotzdem mit dem Wagen fahren, weil Maria ja nicht so weit laufen konnte.

Vom Parkplatz aus trug Vater Maria auf den Schultern, denn der Sand war zu weich für Krücken. Irene und Peter liefen schon voraus.

Der Strand war umzäunt. Sie mussten Eintritt bezahlen und einem Führer folgen. Während er voranging, erklärte er: „Delfine sind Wildtiere. Hier bei uns kommen sie freiwillig in die Nähe der Menschen. Im Wasser gibt es keine Gitter. Die Delfine sind nicht eingesperrt. Sie können kommen und ins offene Meer wegschwimmen, ganz wie sie wollen. Wenn zu viele Menschen im Wasser sind oder wenn es zu laut zugeht, lassen sie sich nicht blicken. Die Kinder sollten besser nicht herumtoben!"

„Habt ihr gehört?", fragte Mutter.

Alle mussten Schwimmwesten anziehen. Dann durften sie und die anderen Gäste in ein Boot klettern. Doch Maria wollte nicht. Sie weinte leise. Wahrscheinlich hatte sie Angst vor einer Fahrt im Boot. „Ihr könnt ruhig fahren", sagte Vater. „Maria und ich bleiben am Strand!"

Das Boot tuckerte langsam auf das Meer hinaus. Es war ruhig und klar. Vater watete mit Maria auf den Schultern ins hüfttiefe Wasser, ließ sie von seinen Schultern gleiten und hielt sie an der Schwimmweste fest.

Draußen im Boot standen Irene und Peter und guckten auf das Meer.

„Ich sehe keinen Delfin!", rief Peter enttäuscht.

„Psst!", flüsterte Irene. „Du vertreibst sie ja!"

Da sahen sie eine Flosse und dann steckte ein Delfin seinen Kopf aus dem Wasser.

Alle Fahrgäste hielten den Atem an. Es waren vier Tiere. Die Delfine kamen näher. Der Fremdenführer warf ihnen Fische zu und die Delfine schnappten sich die Leckerbissen aus der Luft.

„Wie schade, dass Maria nicht dabei sein kann!" sagte Irene. Sie blickten zum Strand zurück, wo Vater und Maria im

Wasser planschten. „Sieh mal, Mama",
rief Peter. „Einer der Delfine besucht
Maria!"

Und tatsächlich. Einer der Delfine
schwamm auf Maria zu. Sie hörte sofort
auf zu planschen. „Du musst keine Angst
haben", flüsterte Vater. „Sieh mal, das ist
ein freundlicher Delfin. Er will dich
kennen lernen."

Der Delfin war nur noch wenige Meter
entfernt. Er steckte den Kopf aus dem
Wasser und schaute Maria an. Dann war
er einen Moment lang verschwunden und
tauchte erst knapp vor Maria und ihrem
Vater wieder auf. Er schnatterte. Maria
starrte ihn wie gebannt an. Doch sie hatte
keine Angst, denn Vater hielt sie fest.

„Wahrscheinlich will er einen Fisch von
uns!", sagte Vater. „Wir haben aber
keinen!"

Der Delfin wollte keinen Fisch haben.
Er war bloß neugierig und er wollte mit
Maria spielen. Jetzt stupste er sie mit der

Schnauze an den Füßen an. Maria
zögerte. Dann stupste sie zurück. Der
Delfin schnatterte und Maria kicherte.
Dann streckte sie die Hand aus und
streichelte den Delfin am Rücken. Seine
Haut fühlte sich glatt und weich an.

Maria wurde immer mutiger. Sie traute sich sogar die Rückenflosse anzufassen. Der Delfin schwamm etwas weiter. Dabei zog er Maria ein Stück mit. Das Mädchen strampelte und strahlte vor Freude. Es wollte gar nicht aufhören mit dem Delfin zu spielen. Doch nun kam das Boot zurück. Der Delfin brachte Maria wieder in Vaters Nähe und schwamm dann wieder zu seinen Gefährten.

Als sie zum Hotel fuhren, sagte Irene zu Peter: „Findest du nicht, dass wir eine tolle Schwester haben? Sie kann nicht so gut laufen. Dafür kann sie mit einem Delfin spielen."

„Kommen wir morgen wieder?", fragte Peter. „Dann fahre ich nämlich nicht mit dem Boot, sondern bleibe bei Maria und dem Delfin!"

Der neue Freund

Genau wie Menschenkinder leben kleine Delfine bei ihren Familien. Erst wenn sie groß und stark genug sind, schwimmen sie alleine durch das Meer und suchen sich Freunde.

Dafür war Orion eigentlich noch zu klein. Er war erst halb so groß wie die Erwachsenen. Deshalb blieb Orion meistens ganz in der Nähe seiner Mutter, seiner Schwestern und Tanten. Hier ging es ihm gut. Sie passten gut auf ihn auf.

Von ihnen lernte er, wie man Fische fing und wie man Luftsprünge machte. Und er lernte, welche Tiere des Meeres harmlos waren und vor welchen man sich hüten musste. Doch je älter Orion wurde, desto neugieriger wurde er auch.

Orion steckte den Kopf aus dem Wasser. Ein Schwarm Möwen kreiste in der Luft.

Das hatte er von den Großen gelernt: Vögel sammeln sich dort über dem Wasser, wo es viele Fische gibt. Viele Fische, das bedeutete viel Futter und leichte Beute. Der junge Delfin tauchte ab und schwamm zu den Vögeln.

Plötzlich hörte der kleine Delfin sonderbare Stimmen in der Ferne. Sie stammten von Delfinen – aber nicht von den Delfinen, die er kannte. Orion lauschte neugierig. Sofort vergaß Orion die Vögel und die Fische und beschloss sich die fremden Delfine mal näher zu betrachten.

Dann sah er sie.

Vorsichtig schwamm er höher. Ob sie ihm wohl etwas tun würden oder ärgerlich waren, dass er einfach so zu ihnen hinschwamm? Die großen fremden Delfine schwammen neugierig an Orion heran und begrüßten ihn mit einem freundschaftlichen Klicken. Einer von ihnen gab ihm sogar einen Schubs.

„Stell dich nicht so an, Kleiner", schien er zu sagen. „Wir tun dir doch nichts!"

Trotzdem fühlte sich Orion nicht ganz wohl. Er war zum ersten Mal weg von zu Hause.

Da entdeckte er plötzlich einen anderen jungen Delfin, der ihn fröhlich umkreiste. Er klickte laut und schubste Orion an. „Komm, spiel mit mir!"

Endlich hatte Orion jemanden gefunden, der genauso klein war wie er und der genauso gern spielte. Die beiden Delfinkinder tollten durch das Wasser. Orion zeigte seinem neuen Freund, wie hoch er schon springen konnte. Und Erin machte vor, wie schnell er in einen Fischschwarm flitzen konnte.

Zu zweit war alles viel lustiger. Doch nun war es Zeit nach Hause zu schwimmen. „Komm mit!", klickte Orion. Erin zögerte, dann schwamm er mit Orion davon. Plötzlich klickte Erin aufgeregt. Orion blickte sich um. Tief unter ihnen war ein großer dunkler Schatten zu sehen. Ein Hai!

Die beiden kleinen Delfine versteckten sich hinter einem Felsen. Hatte der große Raubfisch sie schon bemerkt? Was sollten sie tun? Auf jeden Fall mussten sie bald zum Luftholen auftauchen. Die beiden Freunde schossen hoch zur Wasseroberfläche und dann schwammen sie um ihr Leben. Dabei klickten sie, so laut sie konnten. In der Delfinsprache hieß das: „Hilfe, große Gefahr!"

Endlich hörten Orion und Erin die großen Delfine. Sie kamen von allen Seiten herbei und nahmen die beiden Ausreißer in ihre Mitte.

Der Hai war schon verschwunden. Gegen eine Gruppe besorgter Delfine, die ihre Jungen beschützen, hat auch der stärkste Hai keine Chance.

Die beiden Freunde waren froh, dass sie jetzt wieder sicher inmitten der Erwachsenen schwammen. Sie wussten genau, dass sie nicht einfach hätten wegschwimmen dürfen. Alle waren froh, dass das gefährliche Abenteuer so gut ausgegangen war. Und Orion war glücklich, dass er einen Freund gefunden hatte. Morgen würde er Erin wieder besuchen. Aber nur, wenn auch die großen Delfine mitkamen!

Der Junge, der auf dem Delfin ritt

Marius wohnte bei seinen Eltern in einer Fischerhütte weit weg vom Dorf, auf der anderen Seite der Bucht. Um zu Fuß in die Schule zu laufen musste er eine Stunde lang gehen.

   Das war ihm meistens zu lang. Lieber schwänzte er die Schule und ging stattdessen schwimmen.

Eines Tages berührte er beim Schwimmen mit dem Fuß eine giftige Qualle. Innerhalb weniger Sekunden war das ganze Bein wie gelähmt. Es tat furchtbar weh und Marius konnte sich nur mit Mühe über Wasser halten. Verzweifelt versuchte er zurück zum Ufer zu schwimmen. Marius war ein sehr guter Schwimmer, der gerne ziemlich weit rausschwamm.

Aber jetzt hatte er starke Schmerzen im Bein. Zum ersten Mal, seitdem sich Marius erinnern konnte, hatte er Angst im Meer.

Die Wellen schwappten ihm ins Gesicht, er schluckte salziges Meerwasser und musste husten.

Seine Kräfte ließen nach. Lange würde er nicht mehr schwimmen können. Ob er es zum Ufer schaffen würde?

Plötzlich spürte er einen festen, glatten Körper unter sich. Marius erschrak.

Es war ein Delfin.

Seine Eltern und die anderen Fischer im Dorf töteten diese Tiere, wo immer sie konnten. Denn die Delfine, sagten sie, fräßen ihnen die Fische weg.

Marius fürchtete sich vor dem starken großen Tier. Aber der Delfin war sanft und freundlich. Er stupste den müden und verängstigten Jungen aufmunternd an.

Er will mit mir spielen, bevor er mich frisst, dachte Marius. Aber ich werde um mein Leben kämpfen!

Er packte den Delfin an der Rückenflosse … Da geschah das Wunderbare.
Der Delfin tauchte nicht weg, sondern
schwamm langsam zum Ufer.

Marius hielt sich einfach nur fest und
ließ sich durch das Wasser tragen. Kurze
Zeit später hatte er wieder festen Boden
unter den Füßen.

Von dem Strand aus war es zum Glück
nicht weit zur Straße, wo ein Fischer aus
dem Dorf Marius auflas und ihn nach
Hause brachte.

Als er seinen Eltern die ganze
Geschichte erzählte, schimpften sie. Erst
hatte er die Schule geschwänzt, sich
dann beim Schwimmen in Gefahr
gebracht und jetzt erzählte er auch noch
Lügen!

Marius wollte seinen Retter unbedingt
wieder sehen. Sobald er wieder richtig
laufen konnte, lief er im Morgengrauen
zum Strand. Er hatte einen kleinen Korb
voller Fische mitgenommen. Schon von

weitem sah er den Delfin in der Bucht schwimmen und aus dem Wasser springen.

Marius watete ins Wasser und warf ihm Fische zu. Der Delfin war ganz zutraulich und schien sich zu freuen Marius zu sehen.

Schließlich musste Marius gehen, wenn er nicht zu spät zur Schule kommen wollte.

Von da an besuchte Marius seinen Freund jeden Morgen auf dem Weg zur Schule. Der Junge und der Delfin schlossen Freundschaft und bald durfte Marius auf dem starken freundlichen Delfin sogar reiten.

Eines Tages, auf dem Heimweg von der Schule, hatte er eine Idee. Um zu beweisen, dass er nicht gelogen hatte, wollte er einfach auf dem Delfin zur Schule reiten.

Gedacht – getan. Am nächsten Morgen ging Marius nicht zu Fuß zur Schule wie

sonst, sondern ritt auf seinem Freund,
dem Delfin.

Das gab natürlich einen großen
Menschenauflauf, als Marius aus dem
Wasser stieg. Seine Mitschüler beneideten

ihn glühend um seinen Delfinfreund.
Jeder wollte mit ihm spielen. Das ließ sich
der Delfin auch gerne gefallen. Aber
auf seinem Rücken reiten, das durfte nur
Marius.

Nun konnte keiner mehr bezweifeln,
dass der Delfin Marius vor dem Ertrinken
gerettet hatte.

Marius' Eltern – und auch die anderen
Fischer im Dorf – sind jetzt viel freundlicher zu allen Delfinen geworden. Und
wenn sich ein Delfin im Fischernetz
verfängt, lassen sie ihn sofort wieder frei.

Norbert Landa, geboren 1952, arbeitete nach seinem Studium zuerst als Journalist und danach als Öffentlichkeitsberater bei einem Politiker. Heute widmet er sich ganz dem Schreiben. Norbert Landa verfasste zahlreiche Hörspiele, Geschichten und Lieder für Kinder.

Bernhard Oberdieck wurde 1949 in Oerlinghausen/ Lippe geboren und studierte freie Grafik an der Werkkunstschule in Bielefeld. Er arbeitete zunächst in der Werbung, bis er sich 1980 als freiberuflicher Illustrator selbstständig machte.

Leselöwen

ABC-Geschichten
Computergeschichten
Delfingeschichten
Detektivgeschichten
Dinosauriergeschichten

Feriengeschichten
Freundschaftsgeschichten
Fußballgeschichten
Geistergeschichten
Gespenstergeschichten

Gruselgeschichten
Hexengeschichten
Hundegeschichten
Indianergeschichten
Kuschelgeschichten

Für den löwenstarken Lesehunger!

Schulklassengeschichten
Seeräubergeschichten
Tiergeschichten
Unsinngeschichten
Vampirgeschichten

Lachgeschichten
Ponygeschichten
Räubergeschichten
Rittergeschichten
Schulgeschichten

Loewe